冬日可愛《とうじつあいすべし》

―ある教師の回想―

奈良毅彦

幻冬舎MC

冬日《とうじつ》可愛《あいすべし》

——ある教師の回想——

目次

第一章　教えを導くということ

この章のはじめに

いよいよ、あと三か月で中学校の教員としての生活が終わろうとしている。思えば四十年間よく勤め続けてきたものだと思う。三年前に定年を迎え、再任用という形で働き続けてきたが、今年になって「もういいだろう」という気になった。これ以上勤め続けても、若い先生方の支えにはならない。かえって足を引っ張る結果になるような気もする。これくらいでもう潮時なのではないか。そう考え始めたのである。

四十年間の歳月の中で、合計七つの中学校を経験した。校長、教頭の職は望まず、国語の教師として現場の授業にこだわった。その道のりに後悔はない。「一人一人の教え子を覚えているか」と問われると到底、自信はないが、それでも数え切れないくらい多くの場面が記憶の中に刻み込まれている。そのほんのいくつかをここで紹介してみたいと思う。

南風先生の思い出

初めて中学校の教壇に立った際、もっとも不安だったのは、自分に書道の素養が全くなかったことだ。恥ずかしい話だが、家庭が経済的にあまり豊かではなかったため、書道の塾などには一度も通ったことがなかった。国語の教師になるための大学の書道の授業は、その大半が理論的な内容だったので、中学校卒業後、毛筆を手にする機会をほとんど得ないまま教職に就いてしまった。

当時は、一年生の授業の中に「書写」の時間が必修として設けられており、運悪く一年目からその授業を担当することになってしまった。今でこそ、生徒の前で自分が書いた字を披露しているが、当時の私の字は、どう見ても中学生の字に毛が生えたようなレベルだった。ただただ教科書の中の手本の字を写させ、練習させるという味気ない授業が続き、一大決心をした私は、「三十歳からの手習い」を始めることにした。隣町の書道塾に通い始めたのだ。

学校の近くの塾では、教えている生徒に出会ってしまう恐れがあるので、少々距離の離れた隣町の「南風先生」(仮名)の塾の門をたたいたのだ。ところが、この先生は、埼玉県全体でも著名な方で、私が教えていた学校の生徒も、遠距離にもかかわらず、何人か習いに来ていたのだ。しかもその生徒たちは、書道にかけては毎年、書き初め展で金賞を受賞し続けている優秀な女子たちだった。

私は大変困りはてた。夕刻の教室で、南風先生の指導が始まる。高度な技術をもつ塾生たちは、南風先生から難しい行書《ぎょうしょ》の手本を渡され、熱心に取り組んでいる。私はといえば、基本的な運筆の練習として「天」や「水」などの字の楷書《かいしょ》を繰り返し書いていた。私が、なんとか形を整えた字を半紙に書き、南風先生に見てもらおうと列に並ぶと、私の学校の生徒たちがさっと立ちあがって、私の後ろに並ぶ。目の聡い生徒たちは、すでに私の技量の未熟さに気づいており、私がどんな下手な字を書くのか、南風先生が私にどんな指導をするのか、気になって仕方がないようだった。私は顔が真っ赤になるやら、頭が真っ白になるやらで、屈辱的な思いに耐えることを覚悟していた。

南風先生は、私の後ろに並ぶ生徒たちにちらっと目をやり、その上で私の差し出す半紙に目を移し、その字の中で、比較的良くできた部分に朱墨で大きく丸を描くと、後ろにいる生徒たちに向かって「奈良先生みたいな力強い線を書くんだよ」と言った。

私はその瞬間、涙が出る思いで、南風先生に感謝していた。私の書く毛筆の字が、力強いはずはないのだ。後ろに並んだ生徒たちの方が、はるかに上手なのは明白なのだ。それなのに南風先生は、生徒たちに対する私の体面を気遣ってくれたのだろう。

その後も南風先生は生徒たちの前では、私の下手くそな字に対して、同じように指導してくれた。それから約二十五年間、教室を月に二度の高齢者対象のクラスに替えはしたものの、私は南風先生の指導から離れることはなかった。訳あって、現在は書道教室に通うことをやめてしまったが、いまだにあの時の先生の優しさ、温かい思いやりを振り返ると、目頭が熱くなる思いがよみがえる。南風先生のおっしゃった本当の意味での「力強い線」が書けるように、これからも筆文字を書き続けていきたいと思う。

部活動の一シーン

部活動では、最初に着任した学校から、現在勤務している最後の学校まで、ずっとソフトテニス部の顧問を続けることができた。男子を教えたり、女子をコーチしたり、その両方を兼任することも多かった。私自身はその競技の経験者でもなければ専門家でもない。それでも、生徒と一緒にボールを打ち合った日々は楽しかった。

ソフトテニスのダブルスの勝敗は、精神面に大きく左右される。精神面の弱い選手の試合態度は、露骨に表に現れる。自分のミスを棚に上げてパートナーのミスを責めたり、いかにも身体の調子が悪いふりをして自分の実力を繕って見せたり、実力の伴わないプレイヤーに限って、そういう態度をとりがちになる。

特に、学年の異なる上級生と下級生でペアを組ませた場合、その選手の精神的な成長の度合は、誰から見ても明らかだ。ミスの多い下級生に対して、一生懸命に声をかけて励まそうとする上級生もいれば、感情を抑えきれずに下級生に辛くあたり、そのイライラをまき散らすように、自分からミスを繰り返す、子どもっぽい先輩もいる。それに耐えなければならない下級生の重圧も大変なものである。しかし、そういうことがわかっている上で、私は、上級生と下級生のペアを積極的に作ることにしている。それは私の心の中に、忘れられないひとつのシーンがあるからだ。

今から約三十年前、私は、N中学校の男子テニス部の顧問だった。当時の二年生に須藤（仮名）という選手がおり、私は、彼の運動能力と才能に大きな期待をかけ、一年生の段階から、他の二年生を退けて、新人戦の選手に起用していた。そのようにして、ある程度の試合経験を重ねてきたはずだったのだが、その翌年の夏の県民体育大会において、私の想像もしないアクシデントが彼を襲ったのだ。

二年生の彼がペアを組んだ相手は、福島（仮名）という三年生で、非常に穏やかな性格と、粘り強く努力をし続ける素晴らしい根性の持ち主だった。そのペアを含め、飯田、山坂（仮名）という三年生のエースを擁して、N中学校は、地区予選を難なく勝ち抜き、何度目かの県大会に進出したのだった。県大会の一回戦を無事に勝ち抜き、二回戦に入り、その第一試合を奪われて、第二試合に須藤・福島のペアを起用した。その第二ゲームにおいて、サーバーである須藤はあろうことか、二度連続のダブルフォールトをしてしまい、コートの上に跪《ひざまず》いてしまったのだ。

後から彼に聞いた話だが、前日の夜から試合のことでほとんど眠れず、ものすごいプレッシャーに耐えていたということだった。それは自分自身の勝敗以前に、「先輩たちに迷惑をかけたくない」という思いからだった。「三年生の最後の大会が、もし自分のミスで不本意に終わってしまったら……」そう考えた時の重圧は、想像以上に苦しいものだったようだ。

私が駆け寄った時、彼は涙をこらえきれない状態だった。とっさに私は審判に、「暑さのために目眩《めまい》を起こした」と言い訳し、五分間のタイムを要求した。そうした上で、須藤を励まそうと振り向いた瞬間、すでに自分の出る幕はないことに気づかされた。

三年生のパートナーの福島が、彼を抱きとめるようにしてコートの隅に移動させ、その肩に手を乗せ、一緒に座り込んで、一生懸命に励ましているのだ。

福島という選手は決して器用な選手ではなく、時には気後れしてミスを繰り返すことも多々あった。しかしそれにも増して、下級生に対して面倒見がよく、彼を慕う一年生や二年生は多かったようだ。スポーツの隠れた実力というのは、こういう面にあるのではないだろうか。

三分、四分と時間は経過していく。福島の必死の励ましに、須藤はついに立ち上がった。

あの時、福島が須藤をどのように励ましたのか、私はあえて聞かなかった。おそらく福島に尋ねても、彼はこう答えただろう。「僕は、何もしていません」と。

しかし、須藤はその後、明らかに復活した。開き直ったかのように、強打の連続で、相手を圧倒し始めた。その試合は須藤・福島が勝利したが、第三試合のペアが惜敗し、結局は、その試合で福島たちは引退することになった。

しかし、翌年の同じ県民体育大会において、須藤は自分の学年の仲間たちを率いて、県大会優勝を果たしたのだ。須藤はその後、ソフトテニスで名高いA高校に進学し、国体の選手となり、大学選手権でも活躍した。そして偶然だが、現在は私の住んでいる家のすぐ近くで暮らしている。

しかし私は彼の存在の陰に福島という選手がいたことを決して忘れてはいない。あの時の彼の、一心に励ます態度があったからこそ、須藤は、自分の学年のチームの前衛を育てることができたのだ。互いのミスを決して責めることなく、励まし合うことの大切さを、須藤も、そして私も、福島から学んだのだ。

N中学校の県大会優勝の陰には、その前年の、福島のあの姿があったことを、私は、決して忘れないだろう。

わかば学級と「大きなかぶ」

　十八年程前、特別支援学級「わかば学級」の担任を五年間勤めたことがある。私は、「国語の教師」として自分の教師生活を終えるつもりだったので、当時の校長から最初にこの話を聞いた時に、できるなら断りたいと思い、「ほかに適任者はいませんか」と答えた。しかし、考えてみると、私自身の次女は難聴者としてろう学校に通っており、「この仕事から逃げることは自分自身から逃げることと同じではないか」と思い返し、その翌日、「私でよければ……」と引き受けることにしたのだった。

　受け持った学級の生徒は八名。ひらがなを読むことさえ難しい子、数という概念が持てない子、絶えず見えない誰かと会話を続けている子など、障がいのようすはさまざまだった。戸惑いながら彼らの中に入り込み、試行錯誤を繰り返しながら、なんとか一年間を過ごした。二年目からは、自立活動の授業で、学生時代に覚えた合気道の基本を教えてみたり、当時、自分の次女が習っていたスポーツチャンバラを体育の授業中に取り入れたりしてみた。

車椅子でしか移動できない女の子が入学し、その子の介助で体力的にも大変だったが、今思い返すと、「大変充実していた日々」であったと思う。

特別支援学級の生徒は、日常の学校生活のさまざまな活動の中で、通常学級の生徒と交流を試みることが多い。ほとんどの生徒が温かく迎えてくれるのだが、積極的に話しかけてくれたり、昼休みに一緒に遊んでくれたりする生徒は皆無だった。「どのように接したらよいのかわからない」というのが、通常学級の生徒たちの本音だったのだと思う。

「わかば」の担任として最も思い出に残っているのは、毎年、秋の文化祭で演じられる「わかば劇」だ。舞台の上で演技をする生徒と、マイクに向かって台詞を言う生徒を別にした簡単な寸劇だったが、発表に到るまでに、数多くの練習を繰り返し、「わかば」の生徒一人一人の気持ちにも大変熱のこもった劇になった。

最初の年に演じた題目は、おなじみの「大きなかぶ」だった。ただし、私自身が台本を書き、もともとのストーリーを大幅に改編した。

老夫婦が大きなかぶを見つけて、孫娘と三人で引き抜こうとするまでは同じなのだが、孫娘が応援のために最初に呼んだのは、「の〇太くん」だった。の〇太くんは、ド◯えもんに応援を頼むのだが、ド◯えもんがポケットから出したのはタ◯コプター。それを頭に付けたの◯太くんは、舞台を大きく回って飛ぶように去ってしまうのだ。ド◯えもんは……というと、「ど◯でもドア」を立てかけて、その中に入り、姿を消してしまう。「これでは何の役にも立たない」と嘆いて、おばあさんが呼んだのは、「アン◯ンマン」だった。ところが、大きなかぶに立ち向かおうとしたアン◯ンマンは、突然転んでしまい、「顔が汚れて力が出ない」と言って、泣きながら去って行ってしまう。

「こうなったら、あの人を呼ぼう」と、次におじいさんが呼んだのは、なんと「ウル◯ラマン」だった。ところが、あろうことか、ウル◯ラマンはス◯シウム光線の構えとともに、投影されたおじいさんたちの家を破壊してしまう。文句を言うおじいさんの前で頭を抱えたウル◯ラマンは、カラータイマーの音とともに走り去ってしまうのだ。

そこで、おばあさんがおじいさんに向かって、こう語り出す。

「おじいさん、私たちは、少し考え違いをしていたんじゃないでしょうか」

「そうだね、おばあさん。自分たちですぐにあきらめてしまって、人にばかり頼ってしまった」とおじいさん。

「もう一度三人で引っ張ってみましょう」と孫娘。

そこで、三人がもう一度大きなかぶを引き抜こうとしたところで、先に登場したド○えもんやの○太くん、アン○ンマン、ウル○ラマンが再び現れ、三人を手伝おうとする。

その段階で、私は、ひとつの「サクラ」を準備しておいた。あらかじめ、自分が顧問を務めるテニス部員たちに、「おれたちも手伝うぞ」と叫んで舞台に上って来るように頼んでおいたのだ。テニス部員十名くらいが次々に舞台に駆け上り、大きなかぶにつながるロープを引こうとする。ここまでは、私の台本通りだった。

しかしその後、予想外の展開が起こった。全く予定外の生徒が二十名以上、大きなかぶのロープを引っ張るために、舞台に上って来てしまったのだ。合計四十人以上の力に、大きなかぶを固定していた金具は、もろくも壊れて、あっという間に大きなかぶは抜けてしまった。

台本では、登場人物たちだけが、「やったー、やったー」と万歳しながら喜ぶことになっていたのだが、舞台の上は、四十人以上の生徒が、「やったー、やったー」

の大合唱となった。舞台に上ってきた生徒たちは、その後すぐに降りて自分の席に戻ったのだが、土壇場に来て、自分の書いたストーリーが壊されてしまった私は、しばらく唖然としたままだった。

閉会式を終えて、「わかば」の教室に帰ってきた私は、生徒たちに、今日の劇のことをどんなふうに評価してあげようか迷っていた。

しかし、教室にいた「わかば」の生徒たちは、「先生、やったね」「先生、やったね」と興奮冷めやらぬようすではしゃいでいる。

「ほかのクラスの人があんなに手伝ってくれたんだよ。先生、やったね。成功だよね」

生徒たちは、みんなニコニコしながら、私の周りに集まって来た。

私は表情を、苦笑いから、完全な笑顔に変えた。

「そうとも、やったね。大成功さ。すばらしい演技だったよ。みんなは本当にすばらしいよ」

私は、自分の言葉に、自分自身で納得していた。

わかば学級リレーの思い出

　私は、特別支援学級「わかば学級」の担任をその後も五年間続けた。

　毎年、体育祭で、わかば学級の生徒はそれぞれの交流学級のクラスの生徒として、種目を選んで参加していた。しかしある年、わかばの生徒たちが、「『わかば』としてみんなで走りたい」という意見を出してきた。その年のわかば学級の生徒数は、わかば一組とわかば二組を加えて合計十名。他のクラスの全員リレーと競い合うことは人数的にできない。そこで考え出したアイディアが、「部活動対抗リレーで一緒に走ろう」ということだった。

　部活動対抗リレーは、それぞれの部活動の代表八名が男女の部に分かれて競い合う競技だ。その女子の部の中に、わかば学級も参加させてもらおうという考えだった。このアイディアは女子の運動部の部員たちに、微妙な問題を提示した。

　その中学校の部活動対抗リレーは、毎年、各選手が本気になって走る。バトンこそ各部活動で用いているラケットだったりボールだったりさまざまだが、決して遊び半分の競技ではない。その中でわかば学級が走ると、当然のことながら、わかば学級はトラックを一周遅れ、二周遅れになってしまう。

その年のわかば学級には、脚の不自由な女の子が一名。走り出すとまっすぐには走れない子が二名、その他の子も、通常学級の生徒のように速く走ることはできない。八名のコースを十名で走るのだが、どう考えても、最後は、わかば学級だけが走っている姿を見せることになる。

当時、私が顧問を務める女子テニス部の部長は、小林洋子（仮名）。中学生としては数少ない大人の見識を垣間見せる優秀なリーダーだった。その洋子が私に尋ねた。

「先生、『わかば』さんが、部対抗で、一緒に走るって聞いたのですけど本当ですか？」

「そうだよ。でも、あまり気にしなくてもいいよ。毎年の通りにやってくれれば、それでいいよ」

洋子は、私の答えに少々困ったようすで、深く考え込んでいるようだった。

体育祭の当日、部活動対抗リレーの女子の部で、おもしろい光景が見られた。

女子テニス部は、例年の通り、ラケットを持ってスタートした。そのラケットがバトン代わりになるのだろうと誰もが思っていた。

ところが、第二走者もラケットを持っている。第二走者は、ラケットを二本持って走り、第三走者は三本持って走る。女子テニス部の選手の走る速度は、走者が替わるごとに、少しずつ遅くなっていった。しかし、決して力を抜いている訳ではない。全走者とも必死の形相で走っているのだ。

最終の第八走者にいたると、両腕で八本のラケットを抱え、それを落とすまいと一生懸命だ。その前の第七走者は、一度は全部落としてしまい、それを集めて抱えなおすのに、かなり苦労していた。もちろん、最終走者は洋子だった。

そして、その後ろを「わかば学級」が迫って来る。ゴール前の直線で二人のランナーは並んだ。しかしゴールの直前で、洋子は、「わかば」の最終走者を振り切って、先にゴールインした。

見ていた生徒や保護者からは大きな拍手が沸き起こった。その拍手は、一人孤独に走っている最下位の選手に贈られる拍手ではない。最後にデッドヒートを演じた二人のランナーに対する称賛の拍手だった。

私は、「わかば」の担任として、洋子に心から感謝の拍手を贈った。彼女は、さまざまな思いに悩んだ末に、あのようなアイディアを考えついたのだろう。

第三者は、彼女の行為に対して、さまざまな異論を差し挟むかもしれない。

だが私は、彼女の純粋なやさしさに好感を持ち、深く思い悩んだ末に考えついたあの工夫に、率直に感動したのだ。

彼女はその後、「先生、どうでしたか?」などと決して聞いてこなかった。

私は、体育祭終了後の最初の部活動の練習日に、ただ何気なく「ありがとうな」と告げた。

洋子は、照れくさそうに、少し微笑んだだけだった。

合唱コンクールの思い出

私が最後に学級担任を務めたのは、十五年前。前任校の三年四組の担任だった。それなりになかなか楽しいクラスで、九月の体育祭が圧倒的な最下位に終わり、クラスの生徒たちは、合唱コンクールでの雪辱に燃えていた。当時のクラスの学級委員は、菊田ケイ（仮名）。統率力抜群の女子のリーダーだった。私が「菊田さん」と呼ぶと、「担任の先生なんだから、『ケイ』って呼んでください」と強い口調で言い返される。

「先生、明日から合唱の朝練習を始めます。七時半から校庭で行うので、一緒にいてください」

「おやすい御用だよ。でも、なんで校庭なんだい？」

「最初に、みんなで校庭を二周走ります。その後、校舎に向かって声を出します」

「わかったよ、菊田さん、そこまでやるんだ、すごいな」

「菊田さんじゃありません。ケイです」

そんなやり取りでクラスの取組が始まった。

指揮者として、みんなの前に立つ彼女は迫力に満ちている。声を出そうとしない男子に対しては、本気になって怒り出す。

「最後の合唱コンクールなんだから、もっとまじめにやってよ」

「もっと口を大きく開けて」

「歌詞ぐらいしっかり覚えなさいよ」

曲は、演奏がかなり難しいと言われた「インテラパックス」。伴奏者もかなり苦労しているようだった。曲に微妙な強弱をつける段階で、ケイの強引さに対して、男子の一部に不協和音が生じ始めた。

「先生、あそこまで言われると、いくらなんでもひどすぎるよ。おれたちは、もう歌わないよ」

「せっかくこのレベルまで来たんだ。みんなの気持ちもわかるけれど、もう少しの辛抱だから、がんばろう」

私は、男子をなだめすかした上で、ケイの説得を試みた。

「ケイのやる気は十分理解している。だが、ものは言い様だ。人を動かすには、多少はほめることが必要だよ」

そんなこんなで、迎えた合唱コンクールの当日。合唱開始の直前、ケイは無言で私を見つめ、私も無言でうなずき、そしてさらに、ケイがうなずき返した。

そして、いよいよ審査結果の発表。三年四組の「インテラパックス」は見事、最高得点で「最優秀賞」を受賞した。毎朝と放課後の厳しい練習が、ようやく報われたのだ。女子の何人かは泣いていた。男子も「やった、やった」とはしゃぎまくり、私も嬉しくてたまらなかった。

「やはり、学級担任はいいものだ」

心からそう思った。

そして、それから三年後、私は再び合唱曲「インテラパックス」を聴いた。この年、その難曲を選択したのは、私が国語の授業を教えていた三年三組だった。

コンクールの一か月前、私は学年主任として、そのクラスの合唱を聴いて、あまりのひどさにあきれてしまった。まず何よりも、クラスの二分の一程度の人数しか本気で歌っていない。特に男子は、「蚊の鳴くような声」しか出していないのだ。

私は、自分の国語の授業時間の一部を調整して、三年三組の生徒に、三年前の菊田さんの話をした。

幸いにも、男子生徒の中に「そのお姉さん、知ってますよ。小学生の頃、怒られたことがあるから」という声があり、身近で真実味のある話として伝わったようだった。

その翌日から、三年三組は屋外へ出て練習を始めた。男女とも、リーダーの意識に気合が入り、歌声がどんどん大きくなってきた。そして、その勢いを保ったまま「最優秀賞」を受賞。まさに、「菊田ケイさん」の話の効果は、大きかったようだった。コンクール終了後、当時の三年三組の学級委員の男子が、私に話しに来た。

「先生、ありがとう。あのケイさんの話を聞いてから、このクラスは、再スタートを切ったのです」

その後、数日して、久しぶりに中学校を訪ねてきたケイに、その三年三組の話をした。

「やだなあ、先生、恥ずかしいから、そんな話はやめてください」

ケイは本当に恥ずかしそうに、それでいて少しだけ誇らしそうな表情で笑っていた。今年も校内に歌声が響きわたる季節がやって来る。それぞれのクラスが、それぞれのリーダーたちの下、体育祭で培った団結力を生かして、すばらしい合唱を築き上げてくれることを期待してやまない。

「神田川」の授業

昭和四十年代に流行したフォークソングに「神田川」という曲がある。南こうせつとかぐや姫というグループが歌っていた切なくも悲しいバラードである。私は、三年間に一度この曲の歌詞を用いて、文学作品の登場人物の心情理解を探るための授業を試みる。私自身の長年の「持ちネタ」と言ってもよい。

> 貴方は　もう忘れたかしら　赤いてぬぐい　マフラーにして
> 二人で行った　横丁の風呂屋

この歌詞でこの曲の舞台となる時代背景がわかる。てぬぐいをマフラー替わりにしていたのは、マフラーが高価だったからだ。当時はまだ化学繊維がそれほど普及していない状況で、毛糸と言えば羊毛のものだけだった。それ以上に、生徒に説明するのが難しいのが「横丁の風呂屋」のイメージである。現在のスーパー銭湯とは似ているようで非なるものだ。建物の規模が全く違う。もちろん料金も一桁違う。

これらを解き明かしていくために次のような発問を行う。

「忘れたかしら」ということは、いつのことなのか。

なぜ、赤いてぬぐいをマフラーにしたのか。

どうして風呂屋に行ったのか。

生徒たちは、それぞれに想像力の風呂敷を大きく広げて、それに答える。

「風呂屋に行ったのは、その頃は家にお風呂がなかったからじゃないのかな」

大変、当《とう》を得た答えである。しかし難問なのは、この次の歌詞だ。

> 一緒に出ようねって　言ったのに　いつも私が　待たされた
> 洗い髪が　芯まで冷えて　小さな石鹸　カタカタ鳴った

「私」は、おそらく女性だろう。なぜ、いつも女性が待たされたのか。

この発問には、生徒たちのさまざまな意見が飛び交う。

男性の方が長風呂だったのじゃないのかな。

いや、待ち合わせの時間をつい忘れてしまうのではないのかな。

教師側が求める答えは、女性が男性に寒い思いをさせたくなくて、約束の時間よりも早く出てしまうのではないか。という心情の憶測だが、その思いにまでは、生徒たちの発想はなかなかたどり着かないようである。

洗い髪が　芯まで冷えて　小さな石鹸　カタカタ鳴った

なぜ、石けんが鳴るのか。女性が寒さで震えているからだろう。
石けんが小さくなるまで使うのは、きっと生活が貧しいからだろう。
生徒たちの読解力は、鋭く豊かである。
二番の歌詞に到ると、心情理解を要する部分がもっと複雑になる。

貴方は　もう捨てたのかしら　二十四色の　クレパス買って　貴方が描いた 私の似顔絵　うまく描いてねって言ったのに　いつもちっとも　似てないの

男性の描く似顔絵は、なぜ似ていなかったのだろう。この発問に対しては、非常に多種多様な答えが返ってくる。

男性は絵が下手なのだろう。

当時のクレパスという道具が描きにくいのではないのか。

女性が、自分のことを美人だとうぬぼれているのではないのか。

教師が求める発想までには到らない。女性はこう言いたいのだ。

あなたは、私を美しく描きすぎる。あなたが思うほど私は美人ではないし、魅力的でもない。しばらくしたら、あなたは私に飽きてしまうだろう。

二番の歌詞は、次のように続く。

> 窓の下には　神田川　三畳一間の　小さな下宿

三畳一間とはどれくらいの広さなのか。私は、教室の扉を約一畳に見立てて説明する。

そんな狭い面積に、男女二人が暮らせるのか。生徒は全員一様に驚く。

しかし、昭和三十年代の都内のアパート暮らしとは、その程度が一般的だったように思う。かく言う私も五歳くらいの頃は、六畳のアパートに父と母との三人暮らしだった。居間も寝室も同じ部屋なのだ。卓袱台《ちゃぶだい》のある風景である。

個々の中学生の読解力が試されるのは、次の歌詞である。

> 貴方は　私の　指先見つめ　悲しいかいって　きいたのよ

「なぜ、指先を見つめて尋ねるのか」という教師の発問に、大半の生徒が次のように答える。

水仕事で手が荒れているのではないのか。

それならば「指先」ではなく、「手」と表現するはずだ。なぜ指先なのだろう。

その中で、大人びた感覚を持った女生徒の一人が挙手して発言する。

「指輪がないからだと思います」

この発想は、女子にしかできない。男子のほとんどはポカンとして、何を言っているのかわからない。

そうだ。この二人は、結婚していないのだ。この時代は未婚の男女が一緒に暮らすという状況は希だった。「同棲」という言葉が生まれ、流行し始めたのは、この後の頃からである。

最後に、一番と二番の両方の歌詞に繰り返される表現について発問してみる。

> 若かったあの頃　何も恐くなかった
> ただ貴方のやさしさが恐かった

なぜ、あなたのやさしさが恐かったのか。

誰も答えられる生徒はいない。そこで仕方なく補助発問を加える。

「貴方のやさしさが」の後に、何か短い表現が省略されているとすれば、それはどんな表現だろうか。

あなたの優しさが、「いつか失われるのが」こわかった。

女性は、二人の生活が近い将来、壊れてしまうだろうと予測していたのだ。おそらく経済的な貧しさに耐えられなかったのかもしれない。または、いずれかの父母の強い反対にあったのかもしれない。いずれにしても、そこまで深く読み取れる生徒は少ない。いや、少なくてよいのだと思う。

読解力の根底にあるのは、人生経験である。男子にも女子にも、こんなつらい経験はしてほしくない。

この歌詞は、女性が昔のことを振り返って語っているのだが、女性は未だに、この男性を忘れることができず、愛し続けているのだと思う。

死学

最近の中学生は、「死」という言葉をほとんど抵抗なく口にするように思う。何か辛いこと、苦しいことに直面するごとに「死ぬ」「死んじゃうよ」と言い、時に腹立たしい態度を示す相手には、躊躇なく「死ね」とののしる。いったい、いつから、このような言葉の刃物を安易に振りかざすようになってしまったのか。私と同様な嘆きを感じている方が多いのではないだろうか。「死」とは何なのか。「死ぬ」とはどういうことなのか。彼らは本当にわかっているのだろうか。

私が「死」というものを初めて認識したのは、まだ五歳の時、病床にあった母が逝く折りだった。母が動かなくなってしまった後、大いに泣き叫んだのは言うまでもないが、私は、遺体となった母がしばらくの間、そこにいてくれるものだと思ったのだ。しかし、母の遺体は間もなく棺に納められ、火葬場に運ばれて私の目の前で焼かれた。現代のものと違い、半世紀近く以前の火葬は、まだその炎をのぞき見ることができたのである。母の遺体が、真っ赤に燃える炎に包まれているのを見た時、改めて、「母は死んだのだ」という現実を自分のものにすることができた。

もしかしたら、その当時の父は私に、その現実をはっきりとわからせるために、火葬場へ連れて行き、あえてその光景を見せたのかもしれない。その父も、十年前に亡くなった。

現代の少年たちに、もっとも必要なのは、「死学」です。

著名な小説家、曽野綾子さんの言葉である。死というものの大きさと重さ。人間というもののはかなさと気高さ。それがわかっているのならば、簡単に「死ね」「死ね」などとは口にできないと思うのだ。

「人は、死んでしまったら、もう二度と会えない。会うことはできない」。

そのことを、改めてわかってほしい。認識してほしい。人生の晩年にいたって、改めてそのように思う。

仕事、その本当の厳しさを知ろう

昨今、好景気ははるか過去の言葉となり、中小はもとより、大企業の製造業や商社、大手の金融機関に至るまで、各企業が生き残りをかけて熾烈な競争を続けている。しかし、それにもかかわらず、業績不振にさいなまれているところが多いようである。世間一般には見えないところで、各企業の人件費の削減についても厳しさが増す一方で、働きたくても働く先のない人々が、生活の不安を抱えながら、どうしたらよいのかわからない状況で苦しんでいる。

その中で、埼玉県のみでなく、各都道府県の中学生たちが、職業体験活動の試みを行っている。私の勤務した学校でも、三日間、二学年の生徒たちが毎年、職業体験活動を行っていた。その受け入れ先になってくれた各事業所の方々の温かいお気持ちには、心から頭が下がる。本当に感謝にたえない。

昨年度、職業体験を行った生徒の感想に耳を傾けてみると、「仕事をする」ということが、いかに大変なことか、改めて心に刻んだ生徒も多かったようである。この体験学習の試みは、個々の生徒たちにとってとても有益だとは思うのだが、生徒たちが「職業に就く」ということの本当の厳しさを理解できたかどうかは、いささか疑問である。

以前、校外研修会において、K市のY百貨店の取締役総務部長さんのお話を伺ったことがある。Y百貨店の三か月間の新人研修の内、最初の一週間は、接客用語の発声練習のみに費やされるということだった。

「いらっしゃいませ」「かしこまりました」「おそれいります」「お待たせいたしました」「ありがとうございました」「またお越しください」

それらの用語をただ叫ぶのではなく、「いらっしゃいませ」は、遠くに響かせるように語尾を長く、「ありがとうございました」は、床に響くような感覚で……と声が涸れるまで続けるのだそうだ。

その次の一週間は接客の態度、特に、お辞儀の仕方のみを徹底的に練習させられる。非常に高い競争率を越えて入社したにもかかわらず、指導者役の管理職の厳しい態度に、泣き出す社員も多く、その場で入社をあきらめてしまう気の短い若者もいるということだった。

正式に職業に就くということは、本当に大変なことである。長くまじめに働いている方でも、会社の事情で退職を余儀なくされる世の中である。社会へ巣立つ準備段階でその厳しさを感じ取らせ、強い覚悟の必要性を教えておくことも重要なことであると思う。

私の担当した卒業生の中にも、せっかく正式に採用されたにもかかわらず、「先生、支配人が気に入らなくてさ、辞めちゃったよ」と言って、安易な態度で相談に訪れる子がいた。「甘えるのもいいかげんにしろ」と、怒鳴りたくなる気持ちを抑えて、諄々と説いて聞かせるのだが、その子が本心から自分の短所を理解するのには、まだいくらかの年月がかかることだろう。

　私自身も初めて学級担任を経験したころ、教室がごみで汚れている様を見て、先輩の先生から「何をやっているんだ。辞めてしまえ」と怒られたことがある。しかしそれは、世の中では当然のことである。その「当然の厳しさ」に対して、現代の中学生たちは、将来、耐えていくことができるだろうか。その耐える力を身につけさせることもまた、学校と、家庭の責務であると思うのである。

Yさん奮戦記

女子ソフトテニス部のYさんは入部当時からよく泣いた。そのほとんどが悔し泣きだった。同学年の入部者たちに比べ、身長も低く、走る速度も遅い。最初の頃はサーブもなかなか入らず、試合でも勝つことが皆無だった。中学校のソフトテニスの試合は、すべてダブルスである。心の幼さ故に、自分のミスが許せず、パートナーのミスも許せない。自分が後衛として一生懸命ボールを追い、打ち返しているのに、前衛が一向に働いてくれない。そんな思いが表情に露骨に表れ、ダブルスのコンビネーションもうまくいかない日々が続いた。

その度に、悩み、毎日のように暗い表情をしていた。そんな彼女の変化のきっかけは、運良く選手として出場した新人戦大会であった。新しい技術として研究中だった「アンダーカットサーブ」が功を奏し、なんと二回戦を勝ち抜き、三回戦まで進出した。パートナーの前衛も一生懸命にボールを取りに動き、チーム内ではもっとも高い位置まで勝ち抜いた。勝因は「開き直り」であったと思う。女子のプレーヤーは、技術的にある程度の域に達すると、守りに入り、相手のコートに丁寧にボールを入れ始める。「ミスをしないように打とう」という意識が、攻撃の姿勢にひずみのようなものを生じさせ、それがだんだん大きくなる。ところがＹさんにはそれが当てはまらない。ただ思い切り振り切るのみ、「攻撃、攻撃、攻撃」である。

その姿勢は三年生になっても変わらなかった。さらに研究を重ねた新しい武器「バックハンドのカットサーブ」が有効に決まり始めると、校内のチーム内の順位も急速に上昇してきた。部長、副部長を含めた団体戦メンバーと呼ばれる選手たちが、首をひねりながら、彼女たちのペアに負けていく。それも一回や二回ではない。Ｙさん自身も、心の中にわずかな自信を抱きつつあった。

私自身は、四十年間近くこの競技を指導し続けてきたが、Ｙさんのような例は希である。彼女に引っ張られるように、彼女のパートナーである前衛の選手も、次第に上達し、生き生きとプレーをし始めた。二人のコンビネーションも、高いレベルを示し始め、下級生たちの、Ｙさんを見る視線があこがれに変わっていった。

そんな時、新型コロナウイルスの感染の波がやって来た。学校は臨時休校となり、部活動は長い休止期間を迎え、何もできない日々が長く続いた。

「こんな状況が続いたら、Yさんの技量は、また元の初級者の域に戻ってしまうのではないか」

私はそんな心配をしていた。

生来、高い運動能力をもっている選手は、しばらく練習できないブランクがあっても、一時間程度の練習で、元の状態に近いレベルまでプレーの感覚を取り戻すことができる。しかし、どう考えてもYさんは、それに該当しない。努力、努力で自分の実力を積み上げてきた、言うならば「不器用なタイプ」だ。


約二か月の休止期間を経て、部活動は再開された。少しずつではあるが、活動時間が得られるようになった。約三か月ぶりに催された校内リーグ戦。Yさんの積極的な攻撃の姿勢は変わらなかった。きっと毎日素振りを繰り返していたのだろう。彼女とダブルスを組んでいた前衛も、ミスを怖れない勇気あるプレーの姿勢を維持した。一、二番手のペアをどんどん追い詰めていく。彼女が得意の「バックハンドのカットサーブ」の構えに入ると、相手の選手たちの表情が途端に弱気を見せる。

それをようやく返球し、打ち合いに入ると、信じられないような強打が、彼女の小さな身体から繰り出される。一瞬彼女のラケットのみ、他の選手よりも極端に長いような錯覚さえ覚える。Yさんのペアは、リーグ内で堂々の一位となった。

新型コロナウイルスの感染の勢いは、選手たちが切望していた学校総合大会の開催を許さなかった。私は、町内の三つの学校の選手を集め、記念試合としての団体戦を企画した。他校の顧問の先生方も快く賛同してくれて、三年生はその試合を節目として引退することになった。

Aチームの団体戦に出場したYさんのペアは、校内リーグ戦の時と同様の快進撃を見せた。小さな大会ではあったが、Yさんが流し続けた悔し涙はこの大会で報われ、彼女自身が大きく成長した姿が、私の目の前で力強く躍動した。彼女は、負け知らずの連勝を飾った。決して記録に残る勝利ではないかもしれないが、顧問の私と、彼女自身の胸に、いつまでも刻みつけられる勝利であったと思う。

「青い山脈」の授業

授業の導入のためにキーボードを用意する。ただし、鳴らす音は六つの音のみ、それも全部同じ音である。クリスマスの季節に演奏される「ジングルベル」の最初の六音符、リンリンリンリンリンリンの部分を演奏する。この音を鳴らして「連想される曲は？」と尋ねた時、ほとんどの生徒は「ジングルベル」と答える。予想される通りの反応である。

「しかし、昭和三十年代以前のおじいさんやおばあさんは、別の曲を連想するんだ」

そう言って「青い山脈」の前奏部分を紹介する。「この曲を聞いたことがある人」と挙手を求めても、挙がる手は皆無に近いだろう。そこで、歌詞をつけた「青い山脈」を全曲流してみる。今は亡き藤山一郎氏の澄んだ歌声。昭和という時代の前半を代表する名曲である。

若く明るい　歌声に　雪崩は消える　花も咲く

青い山脈　雪割桜　空のはて　きょうもわれらの　夢を呼ぶ

この曲の作詞者は、戦前から戦後の時代を代表する詩人、西条《さいじょう》八十《やそ》氏である。果たして、この歌詞が何を表しているのか。単なる情景描写ではない。歌声で雪崩が消えるはずがない。花も咲くはずがない。後半の「夢を呼ぶ」の主語は何だろう。そう考えると、非常に抽象的な表現の多い歌詞であることがわかる。

実は、この曲は、戦後の人気作家として有名な石坂洋次郎氏の学園小説を映画化した際の主題歌なのである。戦後間もない頃の地方都市を舞台として、高校生の男女交際のようすを描いた学園ドラマのパイオニアともいうべき作品なのだが、この曲の歌詞は、そのドラマのストーリーとは直接関係が感じられない。

とりあえず前記の一番の歌詞のプリントを与え、この歌詞の作者は一体何を言いたいのか、生活班ごとに意見交換を試みさせてみる。

「雪崩は消える」「花も咲く」「雪割桜」。このような表現から、生徒たちが最も多く感じ取ったのは、自然の中の「春の訪れ」である。その答えは決して誤りではない。

しかし、作詞者の意図する本質からはほど遠い。そこで全員に二番の歌詞を提示する。

古い上衣よ　さようなら　さみしい夢よ　さようなら
青い山脈　バラ色雲へ　あこがれの　旅の乙女に　鳥も啼く

各生活班とも、これでよけいにわからなくなった。まず、一番の歌詞とのつながりが全く感じられない。共通する表現は「青い山脈」だけである。「古い上衣」とは何か。「さみしい夢」とは何を表しているのか。見当もつかない。それでは、次に三番の歌詞をという順番になるのだが、三番の歌詞には、作詞者の意図を示す大きなヒントが描かれているので、あえてこれを提示せず、先に四番の歌詞をプリントして配布する。

父も夢みた　母もみた　旅路のはての　その涯《はて》の
青い山脈　みどりの谷へ　旅をゆく　若いわれらに　鐘が鳴る

一番、二番、四番の歌詞を並べてみた際の共通するイメージを探してみる。そのための補助発問として、それぞれの歌詞の最後の部分を比較してみる。

一番　雪割桜　空のはて　きょうもわれらの　夢を呼ぶ
二番　バラ色雲へ　あこがれの旅の乙女に　鳥も啼く
四番　みどりの谷へ　旅をゆく　若いわれらに　鐘が鳴る

生徒たちが感じ取るのは、「とても美しい夢のような世界に向かって進んで行く」というイメージである。それでは、進んで行くのは「誰」なのだろうか？「乙女（女性）も含めた若い人々、若者たちではないだろうか」。そう答えてくれる生徒がいたら、しめたものである。

今まで皆目見当がつかなかった歌詞の意味に、少しずつではあるが、想像力の肉づけがされていく。「若者たちが、美しい夢に向かって進んで行く」、その夢の象徴が「青い山脈」と表現されているのではないだろうか。生徒たちは、ここで一つのゴールにたどり着いたのではないかと考える。しかし、この歌詞の中にある、作者の深い思いには、全く届いていないのだ。

ここで、一番と二番の歌詞の一部を振り返る。「雪崩」、「古い上衣」、「さみしい夢」。

若者たちが向かう美しい夢の世界とは対照的なこれらの表現は、一体何を表しているのだろう。

この発問に答えられる生徒はいない。そこで、今まで隠しておいた三番の歌詞を生徒に配る。

> 雨にぬれてる　焼けあとの　名も無い花も　ふり仰ぐ
> 青い山脈　かがやく嶺の　なつかしさ　見れば涙が　またにじむ

この「雨に濡れてる焼け跡」という表現が何を表すのか。果たして何人の生徒が「戦争」の二文字を連想できるのだろうか。もし、連想した生徒がいたとしても、その生徒の人数は、時代を経るごとに少なくなっていくだろう。しかし、多くの人々が待ち望んだ「青い山脈」の意味がここでおぼろに見えてくるのである。

長い間、冷たい雪の中で閉ざされていた人々の夢や憧れが、終戦とともに再び花開いていくようすを、作者は、非常に遠回しの比喩的表現によって訴えているのだ。

ところで、作者はなぜ、このように抽象的な、わかりにくい表現を繰り返し用いたのであろうか。ここで、作者西条八十氏の人となりを知る必要がある。

西条八十は、一八九二年生まれの日本を代表する詩人であり、作詞家であり、仏文学者でもある。早稲田大学を経てフランスへ留学し、帰国後も早稲田大学の教授を務めた国際派の文学者である。その彼が、太平洋戦争中、どのような曲の作詞を行ったか。

「打倒米英」「空の軍神」「壮烈特別攻撃隊」「若鷲の歌」、このような戦意高揚を目的とした軍歌ばかりである。これらの歌詞は、彼が本意で作ったものではない。明らかに国家に命令されて作らされたのだ。当時の状況では、それを拒絶することなど不可能であったろう。しかし、たとえ無理強いされて創作したものであっても、自分の作った歌詞によって多くの若者が死地に赴き、尊い命を落としていったのだ。戦時中の彼の胸中はいかばかりのものであったことか。

終戦を迎え、再び、思い通り自由な創作が可能になった時の彼の心中も、容易に推し量れるものではない。その複雑な心情から生まれた歌詞が、この「青い山脈」であったのだ。

さまざまに押さえつけられ、蹂躙《じゅうりん》された過酷な時代からの解放。生徒たちは、当時の人々の落胆と開放感のほんのわずかでも理解できるであろうか。「青い山脈」に込められた作者と当時の人々の思いに少しでも近づければ、この授業の目的は果たせるように思う。

「あと一球」のコール

三月は、最後のクラスマッチである「球技大会」が催される月である。学級担任を務めていた頃は、クラスマッチに燃えていた。体育祭、合唱コンクール、球技大会。それぞれの行事で生徒たちと一緒に夢中になって取り組んだ。今でも、その頃の学級通信を見ると、四十年以上も昔の自分自身の熱い気持ちがよみがえってくる。

しかし、その半面、現在の自分と比較して、生徒のことを考える視野がかなり狭かったように思えて、恥ずかしく思う。特に、中学校の教員になって間もない頃は、一つ一つのクラスマッチに勝ちたくてしかたがなかったように思う。

中学校の教壇に立って、最初に三年生の担任を経験し、二年目に一年生の担任になった。体育祭、合唱コンクールで優勝、入賞を逃し、三学期に行われる球技大会では、生徒たち自身から「先生、土日に集まって練習しよう」という意見が出て、クラス全体の雰囲気が高揚してきた。私もその気になり、生徒と同じ気持ちになって練習に参加した。競技種目はバレーボールだった。ただし、一年生の運動能力では難しい競技なので、「何回パスしてもよいからボールを相手コートに返せばよい」という特別ルールが採用された。

私の立てた作戦は、次のようなものだった。

「自分のコートに飛んできたボールに対して、何回かパスをして、トスを上げてスパイクを打とうなどと、難しいことを試みるから失敗するのだ。自分のところに飛んできたボールは、一番簡単な組み手レシーブ、アンダーハンドパスで相手コートに直接返してしまえばよい」

この戦法は、初級者のバレーボールの試合では、確かに効果的だった。しかし、これではコートの中に六人の選手がいる必要はない。つまり、運動能力の高い生徒が二名くらいいて、その生徒に全部任せればミスをすることは少なくなり、逆にみんなでパスを重ねる相手チームはどんどんミスを繰り返すことになる。

五クラスのリーグ戦で、私のクラスは連続して勝利していったが、クラスの半数の生徒は「何だかわからないけれど、つまらないな」という正体不明の違和感をもっていたようであった。

しかし、結果的にはどんどん勝ち続け、ついに決勝戦を迎えた。ここまで来ると、対戦相手のチームもこちらの作戦に気づいたようすで、できるだけ少ない回数で、ミスをしないうちに相手のコートに返してしまおうという、同じ戦法に出てきた。

接戦の末、私のクラスがマッチポイントを握ったのだが、逆に、その重圧感から失点を繰り返し、サーブ権を取り返した相手チームが追い上げてきた。

そこで、相手チームのサーバーにプレッシャーをかけるため、私自身が大きな声で、

「あと一点、あと一点」と二度三度、大きな声で叫んだ。きっとこのコールを私のクラスの生徒たちが繰り返してくれるだろうと考えたのである。

しかし、私の考えは浅はかだった。この言葉を繰り返す生徒は皆無だった。

それどころか、女子の数人が私に、こんなことを言った。

「先生、その応援はやめようよ。かわいそうだよ」

その一言で、私は、はっと我に返る思いがした。クラスの生徒たちが求めている

ものは、私が欲していたものよりもはるかに純粋で、気高いものであることに気づいたからである。

「そうだな。その通りだな」

私がそう答えたとき、相手チームのサーブが大きくそれて、私のクラスのチームの勝利が決まった。

「やったー」

クラスの生徒たちは、何人かが抱き合って喜んでいたが、学級担任である私は、うれしい半面、大きな後悔の念にかられていた。勝つために手段を選ぼうとしなかった自分に対する反省の思いが込み上げてきたのである。

当時、現在の私の年齢に近かった学年主任の先生が、私の方に近づいてきて、「奈良先生、さっきの生徒の言葉をどう思う？」とやさしく尋ねた。

私は、自分自身が情けなくて、恥ずかしくて、しかたがなかった。

「勝つことよりも大切なことがある」

そんなもっとも簡単で、もっとも大切なことを、忘れていた自分自身が許せなかったのである。

仲間の失敗に対して「ドンマイ」の一言が言えない若者が増えているという。それどころか、仲間の失敗が許せず、とことん責めようとする心ない若者が多いという残念な風潮が感じられる。すべては、心の狭い大人の社会を反映しているのかもしれない。しかし、本来、子どもたちがもっている「相手の心を気遣う優しい気持ち、お互いを想いやろうとする心」を大切にしていかなければならないと、改めて思ったことを覚えている。

第二章　私自身を教え導く

この章のはじめに

中学校の教員としての私自身は、自分なりに仕事に全力を尽くし、平凡ながら、その職を全うできたことに満足し、誇りにも思っている。しかし、一人の家庭人として、また父親としての自分を振り返って見ると、明らかに落第であったろう。仕事に時間を費やすあまりに、家庭のことはほとんど家内に任せきりだった。

次女が障がいをもって生まれてきた段階で、家内は職を去る決心をしたが、その思いは、筆舌に尽くしがたいほどの、まさに苦渋の決断であったと思う。

家内は私と同じ、中学校の国語の教員だった。私同様に、いや私以上に、生徒にわかりやすい授業を工夫することが生きがいだった。黒板に書く文字も、私など足下にも及ばないくらい美しく整っていた。

自分の生きがいである教職を捨てて、家内は家庭に入り、二人の娘の育児に専念し、家事のすべてを引き受けてくれた。複数の持病を抱えた私が、なんとか定年を迎え、さらにこの仕事を続けていられるのは、紛れもなく家内のおかげである。

長女の就職の話

四年前の四月から、長女が保育士として、都内の私立保育園に就職した。赤羽駅近くのワンルームのアパートで一人暮らしを始めたのだ。仕事が忙しいのか、つきあいが忙しいのか、めったに帰ってくることはない。私は、それはそれでよいと思っている。とにかく一人前の職業人として自立してくれたのだから、それ以上に何も望むことはない。強いて挙げれば、無理を重ねて身体を壊さないでほしいと願うくらいである。

思えば、長女の子育ては紆余曲折の連続だった。幼児の頃は、私は、そのかわいさに夢中になっていたと思う。少々年齢が高くなってから恵まれた女の子ということもあり、彼女と一緒にいられる時間を確保しようと必死だった。当時、私は自宅の隣町にあるＭ中学校に勤務していたが、夕刻十八時にはいったん自宅に戻り、長女を風呂に入れ、いっしょに夕食をとり、本を読んで寝かせてから、二十一時過ぎに学校にもどり、午前零時過ぎまでワープロをたたき、印刷機を回した。その後、帰宅して床に就き、翌朝の七時過ぎには、学校のテニスコートに立っていた。その生活をおよそ四年間毎日続けていた。今思うと、よくぞ身体がもってくれたものと思う。体力的にはきつかったが、自ら進んでそんな毎日を過ごしていた。休日の午前中は部活動に専念したが、午後に彼女を公園に連れて行くのが楽しみだった。

そんな長女が、私の意見に耳を貸さなくなったのは、中学校に入学した頃からだったと思う。家の家計が苦しいので、なんとか公立高校へ入学してほしいと話したにもかかわらず、明らかに届かない挑戦をして公立高校の受験に失敗してしまった。併願した私立高校に入ったものの、毎日八時間の授業と毎週の実力テストの競争に耐えられず、学校を休みがちになった。それを隠すために、朝、駅から逆方向の下り列車に乗って終点まで行き、そこからまた上り列車に乗って時間をつぶしていたという時期さえあった。

その高校を一年で中退して定時制高校に編入した。しかし、のんびりとしたカリキュラムとアルバイトの毎日が、長女にはとても合っていたようであった。特にアルバイト先の経験は、彼女を大きく成長させてくれた。ほとんどが外食店の店員、つまり接客業であったために、挨拶、返事、礼儀、マナー、日常の話し言葉に至るまで、店主から徹底的に仕込まれたようである。

「生きていく」ということは「働いてお金を稼ぐこと」、そのためには「お客様を大切にし、人を大切にすること」。このとても簡単で不可欠な生きる技術を、彼女は、さまざまなアルバイトの接客の中で学んで身につけていったようである。

定時制高校を十九歳で卒業した長女は、保育士の資格を得たいと専門学校への入学を希望し、無事にその課程を終了し、現在に至ったのである。

三月の末、都内への引っ越しの代金を節約するため、長女は、寝具を含めた日用品の移送を私に頼んだ。久しぶりに私の運転する軽自動車の助手席に座った彼女は、思いのほか饒舌になり、さまざまな話をしてくれた。

「アルバイトで勤めていたお店には、よく父さんの教えた生徒と親が来たのよ。私の名札を見て、珍しい名字だから、もしかしたら……と尋ねる人がいて、あたしがそうだと答えると、みんな笑顔になって、父さんのことをほめてくれるの」

　荷物を運んでもらっているので、気を遣っているのであろう。要らぬお世辞である。

「父さんの授業っておもしろいんだってね。あたし、国語が好きじゃなかったけど、父さんの授業だったら退屈しなかったと思う」

　世辞もここまでくるとわざとらしいし、ばかばかしい。

「父さんの授業はお笑いじゃないし、父さんはコメディアンじゃないよ」

　自分では、多少怒った語調で言ったつもりなのだが、きっと表情はくずれて、顔はにやけていたに違いない。

　校内で、気立てのやさしい礼儀正しい女子を見ると、「どうしてうちの娘は、あんな子に育たなかったのだろう」と愚痴をもらしてしまうことが多々ある。そんなとき同僚の女性の先生から、「奈良先生、それはＤＮＡによるものだからしかたがないですよ」と言われると、心の底から納得してしまう。

子どもは、決して親の言うとおりにも、望んだとおりにも育たない。ただ、親のすること、生きる姿を後ろから見て、それを自分の生き方の中に採り入れ、表現していくだけである。

親の懸命に生きる姿が、子どもにどのように投影されるのか。それがわかるまでには、かなりの時間と年月が必要であるらしい。

とにかく子育ては、つらいし、苦しいし、難しいし、大変である。しかし、それがわずかでも報われる日が、必ず来るのだと信じる以外に、親として生きるすべはない。

ろう学校の体育祭の風景から

東京近郊の地方都市の中心部に、「Aろう学校」という聴覚器官に障がいのある児童・生徒を対象にした学校がある。私の次女は、高校生の時期までその学校の生徒だった。娘の在学中はほとんど毎年、五月の下旬から六月の下旬にかけて行われる、その学校の体育祭に参加していたのだが、以前、体験したその一場面について紹介したいと思う。

Aろう学校は、三歳児から始まる幼稚部から、通常の高等学校にあたる年齢の高等部まで、幅広い年齢の児童・生徒が、同じ敷地内で学んでいる学校である。したがって、その体育祭も、まっすぐに走ることがおぼつかない幼児から、大地を蹴るような力強い迫力のあるダッシュを見せる少年たちまで、非常に多種多様な競技や演技を見せてくれる。

その中で圧巻と言えるのが、終盤近くなって行われるリレー競技だ。全員が参加して行う点は、私の勤務する中学校の「全員リレー」と同様なのだが、Aろう学校では、幼稚部から高等部までの全校生徒が、紅白の二組に分かれて競い合う。決してレクリエーション的な種目ではなく、一人一人の勝敗に関する意識は、かなり高いように思われた。したがって応援も非常に積極的に行われ、幼稚部の子どもたちが走る際には、中学部、高等部の生徒までも一生懸命応援する。もちろん、「声」ではない。手話を中心としたボディーランゲージである。

もっとも年齢の低い六歳児は、三十メートルを走る。しかし、その距離さえも子どもたちにとっては長く感じられるらしく、途中で転んで差がついてしまった児童が、大声で泣き出してしまうことが多々ある。周囲から走り出て慌てて抱き起そうとする中学部の生徒を、高等部の生徒が、身体全体で「とおせんぼう」をして制する。事情が判らないと、まるで取っ組み合いのけんかでも始まるのではないかとも思えるような勢いだ。

他の高等部の生徒が、転んだ幼児の目の前で言葉にならない声を発しながら、懸命に手話を行う。しかし、決して抱き起こそうとも、手を引っ張ろうともしない。

必死の形相で、「立て、立て」と動作で示すのだ。その内に紅白の組に関係なく、小学部、中学部の生徒が、その幼児の周りに集まって来る。遠くから見る者にとっては、何が起こっているのか判らなくなってしまう。

しかし、このろう学校の職員たちは、この人だかりの中で、どんな感動的な状況が展開しているのかをよく知っている。その子が泣きやんで立ち上がり、再びバトンを持って走り出すまで、全員の手話の応援は続く。その中で、一人として、その子に直接手を貸そうとする生徒はいない。後から聞いたところ、抱き起そうとする両親の手助けさえも、制されてしまうそうである。

中学部や高等部の生徒たちは、先々、自分たちの人生において、安易に自分以外の人を頼ってはならないことをよく知っている。一人一人が自分の力だけで、自分の運命を切り開いていかなければならないことを、同じ境遇の仲間たちにも伝えなければならないと強く感じているのである。

この県内に、ろう学校は二校しかない。どんな遠くの地域でも、その二校のいずれかに通学しなくてはならない。スクールバスが迎えに行くのは、近隣の一部の地域のみである。小学部一年生以上の生徒は、自分の脚と判断で、電車を利用して、駅から徒歩で通って来るしかないのだ。

学校教育において、「指導」という言葉に代わって「支援」という言葉がよく聞かれるようになった。国語辞典でその意味を問うと「力を添えて助けること」と記してある。しかし、その力の添え具合が大切である。時として、親であり、教師である私たちは、その力を添えすぎるのかもしれない。その場面に大いに感動しつつも、そんな思いにかられたのである。

次女の不登校とサッカーの話

次女が不登校に陥ったのは、中学二年生の年齢からだった。生まれつき耳が聞こえない障がいがあったため、県内の「ろう学校」に通学していたのだが、より高い学力を求めて、中学部から都内のろう学校に進学した。県立ろう学校の小学部に在籍していた頃は児童会長を務め、毎日輝いていたのだが、都内の学校に入学した段階から休みがちになり、学生寮に引きこもったままの生活に陥ってしまった。たまらず、元の県立ろう学校の中学部に転校させたが、登校日数はなかなか増えなかった。寮の部屋が自宅に変わっただけである。

中学部を卒業し、県立ろう学校の高等部に入っても、朝なかなか起きられない生活が続いた。しかし、特別支援学校といえども高等部は義務教育ではない。出席しなければ単位がとれない。最終的には卒業ができなくなる。その現実に直面したときに、ようやく彼女自身が奮起したようすで、「起きられないのなら徹夜して登校」

という荒療治を繰り返して、ぎりぎりで卒業見込みまでこぎ着けた。卒業までの半年間で、ふくよかだった身体は痩せこけ、表情から笑顔が消え、口数も少なくなった。今までのツケを短期間で取り返さなければならないのだから、それくらいはやむを得ない。親である私と家内もそう考えていた。

高等部三年の十一月頃、ようやく卒業の見通しがつき、その勢いのまま大学の受験勉強に突入した。

父親である私自身が大学受験でさんざん苦労した覚えがある。「そんな付け焼き刃の泥縄の努力で、大学に受かる訳がないだろう」という思いが強かった。受からなければ、四月からどこで働かせようか。耳が聞こえないために発声も不明瞭である。長女のように接客で収入を得ることはできない。とにかく、障がい者に対する福祉的な考え方で受け入れてくれる職場を探そうと考えていた。

ところが、なんと予想外に、受験した私立大学の一校が受け入れてくれたのである。しかも、講義の際にノートテイクをしてくれる学生まで募集してくれた。親としてはうれしい反面、「もう少し世間の厳しさを知るべきだ」という気持ちもあった。彼女が選んだ学部は、文学部の日本文学専攻。私が教えている国語の分野だった。考えてみれば、耳から入る情報が乏しい彼女は、ずっと文庫本を読み続けていた。学校へ行かない時期も、本だけは手放さなかった。そんな習慣が功を奏したのかもしれない。

もうひとつ、次女がずっと続けていることがある。サッカーである。ろう学校の高等部の頃から始めて、現在まで「デフサッカー」という聴覚障がい者のみが行うサッカーのチームに入っている。幼い頃から、誕生日に彼女が欲しがったものは、サッカーボールであり、シューズであり、時には「ラダートレーニング」のセットだった。小学部低学年の頃は、「けがをさせたら責任がとれない」という理由から、なかなか健常児のチームには入れてもらえなかった。そこで「習い事」としてサーカーを教えてくれる塾に入り、一人の指導者に対して四〜六人の人数で、徹底的に足技の基本を教えてもらった。「サッカーというのは集団競技なのだから、こんな単調な練習では効果は望めないのではないだろうか」、私自身はそう考えていた。

しかし、「継続は力なり」とはよく言ったものである。小学部の六年生の時に、私の勤務する中学校のサッカー部の練習に参加させたことがある。次女のドリブルするボールに数人のサッカー部員が奪取を試みたが、器用にフェイントを繰り返してボールを奪われることなくゴール前まで行ってしまった。

「なるほど、こういうことか」と気づかされた。世の中には、さまざまなタイプの技術指導者がいるものである。

長女と違って、次女は父親である私を苦手としているらしく、よほどのことがないと積極的に会話をしようとはしない。私が、あまり手話を得意としないこともその理由である。そんなある日二十一歳になる次女が、私のところへ真剣な表情でやって来た。

「香港で催されるデフサッカーのアジア大会に行きたい。長期間の宿泊になるから費用がかかるので、なんとかしてほしい」という願いであった。

「冗談ではない。論外である。私自身が定年退職後、収入が半分以下になっている。こんな状況で、海外遠征のチームの応援など行かせられる訳がない」

久々に声を荒らげて次女を叱った。次女はしばらく私の顔を見つめていたが、いくら頼んでも無駄だと悟ったらしく、悲しい表情で自分の部屋へ戻って行った。

　後々、家内から詳しい話を聞いてみると、次女は応援で参加するのではなく、デフサッカー女子の日本代表チームの選手に選ばれており、しかも、正ゴールキーパーのポジションにあるということだった。そういえば先日、新しいユニフォームに顔をうずめて泣いている姿を見たことがあった。

　私は一瞬、自分の判断を後悔したが、応援だろうが正選手だろうが、経済的な事情は変わらない。次女には気の毒だが、あきらめてもらうしかないと自分に言い聞かせた。ところがその翌週、次女は突拍子もない行動に出た。大学の新聞部員でもある彼女は、自分の通っている大学の学長に面会のアポイントメントをとり、その場で、デフサッカーのアジア大会への遠征費の資金援助を申し入れたのである。もちろん不明瞭この上ない次女の発音では、何を言っているのかわかる訳もなく、ワープロで打った長文の願いを学長に手渡したということだった。

現在、私立大学のほとんどが経営に苦しんでいる。今後の学生不足の状況を考えると、資金援助など到底無理なのではないかと私は考えたのだが、予想外なことに、学長は次女の遠征費の援助に応じてくれたということだった。おそらく、デフサッカーの日本代表チームへの支援が、大学のＰＲにつながると考えたのだろう。それでもありがたいことである。学長さんには、感謝に堪えない。

ところがその一か月後、今年度のアジア大会の中止が発表された。韓国や中国の不参加がその要因らしい。国際情勢というものは、スポーツの世界にも微妙に影響するということは知っていたのだが、まさか障がい者の競技にまで及ぶことはないと思っていた。いずれにしても、選手たちにとっては無関係な政治的な要因である。聴覚障がい者の若者たちにとっては納得できない判断である。

次女はさすがに落ち込んだが、数日を経て立ち直り、翌年のアジア大会へ向けて貯金をするため、アルバイト先を探し始めた。いつまでたっても甘ったれだと思っていたのだが、いつの間にか、少しは成長していたらしい。わずかだが次女のことを見直す機会を得ることができた。おそらく外から見たら、私も相当な親ばかなのであろう。

学びのスタートに遅すぎるということはない

国語の教師でありながら、書道の稽古を始めたのは、この職に就いてからであった。この件に関しては前に記したが、これとは別に、五十五歳を過ぎてから学び始めたことがある。それは、今の世の中では大半の人がマスターしているパソコンについての技術である。

恥ずかしい話だが、前任校に在職していた頃まで、「苦手だから」と学ぶことを避け続けていた。定期テストの各観点の評価の算出から成績をだすための複雑な計算まで、電卓をたたいて長時間の労力を費やしていた。今振り返ってみると、膨大な時間と労力の無駄であった。

十年前、自分自身としては一大決心をして、パソコン教室のドアをたたいた。某家電メーカーの大型店舗の一階一室であった。

ソフトのＷｏｒｄから始めてＥｘｃｅｌへ、一週間に二回、一回一時間のペースで、基本を習得するのにおよそ一年間かかった。さらに、さまざまな関数計算を覚えるのにもう一年。かかった費用は二年間で二十万円をはるかに超えた。金銭の話になるといささか賤しい思いもするが、この金額は、私ひとりの給与で家族四人が暮らしている我が家の家計から考えると、大きすぎる負担である。今考えてみても、家内がよく出してくれたものだと思う。

しかし、この二年間で学んだ知識と技術は、まさに画期的の一言に尽きる。今まで電卓で三十分間以上かかった仕事が、一分以内で済んでしまう。評価・評定に関わる計算も、「イフ」や「ブイルックアップ」と呼ばれる関数を用いると、あっという間に算出してくれる。驚異的な時間の短縮である。

もっと驚くべきことは、私がこの歳に至ってやっと身に付けたこの技術を、現代の高校生たちの大半がすでに使いこなしているということである。「新しい世代の若者たちは、なんと有能で優れているのだろう」と今更ながら感心する思いだった。

自分が学んでみて初めてわかったことだが、パソコンの基本的な知識や技術は、現代社会では必要不可欠のものである。もちろん中学校で学ぶ各教科の知識も重要だが、パソコンの基本的な使い方は、それと同等の価値があると思う。むしろ、これからの社会では、その技術に卓越した者こそが有用であると言っても過言ではない。そして問題なのは、「それをどこで学ぶのか」ということである。

私が約二年間で身に付けた技術は、Ｅｘｃｅｌという一つのソフトの約百分の一にも満たない、ほんのわずかな小手先の技に過ぎない。何百メートルという長さのトンネルの出入り口近くに過ぎないのである。この先たくさんの知識・技術を学ぶための最良の場はどこか？　私のような高齢者は、パソコンスクールに通うしかないが、現代の中学生は、さまざまなチャンスに恵まれている。そのひとつが商業科、工業科、そして情報コースをもつ高等学校であると思う。もちろん普通科の高校にもパソコンルームがあり、情報処理に関する授業を開設している学校があるかもしれない。しかし、商業科、工業科の高校には、やはりそれなりの指導体制や設備が整っているというアドバンテージがある。

私は、中学校に四十年間勤務し、三年生の進路指導についても十回以上携わってきたが、工業高校、商業高校の長所について、いささか見損なっていたように思う。

この年齢に至って深く反省している。今更ながら改めて思う。「これからはパソコンの時代である」。

「商業科、工業科の高校は、卒業後に就職を希望する生徒が入学する」という考え方もすでに大昔の偏見に過ぎない。大学の理工学部や商学部の指導者たちは、高校で基礎的な知識や技能を得て入学する高校生を高く評価し、求めている。

十年以上前に担当した三年生の一人は、単願で受験した県立高校の入試に失敗し、卒業式の後まで進路が決まらず、欠員募集で工業高校の定時制の課程に入学した。その生徒が四年後、高校を卒業する前に、就職が決まったことを報告に来てくれたことがある。

「先生、聞いてください。僕を採用する会社の担当者が、わざわざ高校まで、僕のことを欲しいと言って来てくれたのですよ。感激しましたよ」

彼は、中学時代は明らかに学習面の努力が不足していた。しかし、その後四年間、夜間の課程に休まず通い続け、コツコツとコンピュータと電気の技術を身に付けたのである。その彼のまじめさが高く評価されたのだろう。

私にとっても感激のひと時であった。

「よく頑張ったな。君の努力の成果だよ。勉強をすることの大切さがわかっただろう？」

「はい、でも先生、本当の勉強はこれからですよ」

私は、改めて彼のことを大変誇らしく思った。

身の丈に合った努力

中学三年生の頃の自分は、心の奥底でいつも半分拗《す》ねていたように思う。拗ねるというよりもふてくされていたのかも知れない。

恥ずかしい話だが、家の経済力が周囲の友人たちと比較してかなり低かった。父と話し合う以前から、「公立高校なら行かせてもらえるのではないか」と予想していたが、実際に「私立高校は学費を払うのが無理だから県立高校のみ受験しなさい」と言われると、その志願の範囲は非常に狭くなってしまった。できれば家の近くの高校に行きたかったが、より安全な方策をとるためには、自宅から十キロメートルも離れた隣町の学校に片道五十分間以上自転車を走らせなければならなかった。自分と同じくらいの学力の友人たちが、楽しそうに高校生活のビジョンを語っているようすが時に妬《ねた》ましく感じられた。

母を五歳で亡くしておよそ七年間、親戚や施設に預けられていたが、中学校入学を機に父と二人で暮らすようになった。父が長距離通勤をしながら苦労を重ねて家計を支えてくれていることには十分感謝していたが、「なんとか家の近くの高校を受験できないものか」と頼んだことが度々あった。学力的には充分に届く挑戦であったと思う。しかし、競争率は少々高めだった。

「もし、高校受験に失敗したら就職して働く覚悟があるのか？」父の問いはいつも同じだった。「なんで俺だけが……」と愚痴をこぼすと、「所詮、人間は自分の身の丈に合った努力をするしかない」という答えが返ってきた。

「身の丈とはなんだ」、私は反発したくてしかたがなかったのだと思う。もし、「身の丈」というのが家計の事情だというのなら、父親から与えられた環境のために、今後もずっと自分は苦労し続けなければならないのか……と。

世の中というものが不平等、不公平であることを改めて実感したことを覚えている。

その父にはその後七年間、世話になった。高校まで往復二十キロメートルの自転車通学は、私の持久力を著しく向上させ、中学時代に自他ともに認める鈍足だった私が、千五百メートル走の記録で六分を切るまでになった。良き友人たちに恵まれて生徒会長として活躍することもできた。高校卒業後は、父の支援と奨学金のおかげで大学を卒業し、無事就職して埼玉県の教員となった。その後、父とは別の街で離れて暮らすようになり、結婚して別に家を構えるようになると、一か月に一度ぐらいしか会わないようになった。父も自分で家を新築し、一人暮らしを楽しんでいるようだった。

　そして今から十五年前、父とは今生の別れとなった。父の家の遺品を整理した時、私が暮らしの足しにしてほしいと、仏壇に繰り返し置いた封筒入りの現金がそっくりそのまま残っていた。また、孫である私の娘たちの名義で、わずかばかりの銀行預金が残されていた。

　突然の病死のため遺書はなかったが、私は、この時やっと父の言った「身の丈に合った努力」ということの意味がわかったような気がした。

「現在自分が与えられている状況の中で最善の努力をしろ。それにより、自分を抑止している限界はどんどん失われていく。そうしたら、その中でまた最善の努力をすればよい」

「身の丈」とはそんな意味であると思う。つまり「身の丈」は自分の力で伸ばしていくものなのだ。

今でも時折、頑固だが気骨に満ちた父の風貌がよみがえってくる。

「今は、今の状況の中で最善の努力をしろ。そうすれば、お前の世界は無限に広がっていく」

父はそう言いたかったのだと思う。

「傷つける」「傷つく」ということについて

「私は、先生の言葉に傷つきました」
「うちの子は先生の言葉にとても傷ついたのです」

こんな言葉をよく耳にする。学校の先生である以上、生徒に対して投げかける言葉には細心の注意を払いたいというのが持論であり、国語の教師である以上、さらに言葉の遣い方に留意したいと考えているのだが、時として厳しく叱る際には、あえて対象の生徒の意識に強く残るような言葉を用いることがある。その場合には、ある意味において、多少なりと心に痛みを覚えてほしいと思って言っているのだが、なかなかその意を酌んでもらえないことが多くなってきたように思う。

私が大学で中学校の教員の資格を得る際、周囲から「単位を得るのが難しい」と噂される授業があった。Ａ教授の「英会話Ⅰ」という授業だった。当時から著名な政治学者であるＡ先生が、なぜ英会話の講座をもっていたのか。今になっても不思議な話だが、その授業に参加して最初の時間に、私を含めて約三十名の学生のほとんどは、完全に打ちのめされた。

授業の内容は、最新の英字新聞のコピーを渡されて、その全文をその場で素早く翻訳し、一人一人に与えられた記事について、その概要を解説するというものだった。

全員が辞書を片手に一生懸命に記事の翻訳に挑むのだが、与えられる時間は十五分程度に過ぎない。順番に解説の発表が始まると、Ａ先生から、情け容赦のない辛辣な言葉が飛んでくる。

「あなたは、本当に試験を受けて、この大学に入ったのですか？」
「あなたの英語の実力は、高校一年生以下ですね」
「あなたは、何年、英語の授業を受けてきたのですか？　もう一度アルファベットからやり直したほうがいいですね」

Ａ先生は、その一つ一つの言葉を、一切笑顔を交えず真顔で投げつけてくる。約九十分間の授業が、その過酷な侮辱の言葉の繰り返しである。最初に三十名以上いた受講生が、その翌週の二回目の授業の時には、二十名前後に減っていた。

二回目の授業でも、Ａ先生の毒舌の勢いはまったく変わらない。それどころか、さらに厳しさを増してくるようだった。

「あなた程度の英語の力では、私の授業を受けても無駄ですよ」

「次からは、もう来ないでください。あなたの英語力に合わせて授業はできません」

「あなたみたいな学生が、将来、英語の教師になろうなどとはお笑い草です」

「あなたのような人がいるから、日本の英語教育のレベルは、いつまでたっても最低なのです」

最後の言葉は、私自身が言われたものである。この段階で私も、この講座の単位をあきらめようと思った。もともと国語の教師になることが目的であったから、英語の教師の免許状にそれほど固執していなかった。その決断を、二年先輩のＦさんに相談したところ、こんなふうに諭された。

「なあ奈良君、がんばってあと二回、Ａ先生の授業に耐えてみないか。今、この場では言えないけれど、必ず役に立つ講座だよ。それに、どの県の教員採用試験を受けるにせよ、二教科の資格を持っていれば、絶対有利だと思うよ」

私はＦ先輩を信頼していたので、とりあえずあと二回だけという決心で、その翌週の「英会話Ⅰ」の教室に入ることにした。

第三回目のＡ先生の授業は、私を含めて、受講生は十名程度だった。翻訳の発表の順番が頻繁に回ってきて、その分だけＡ先生の厳しい言葉が数多く飛んでくる。その過酷さは、回を重ねるごとに増してくるようだった。

私は、「この先生はいったいどういう人なんだ」と、Ａ先生の人格自体を疑いたくなった。

そして、その翌週の四回目の授業。受講生は、私を含めて六名だけになった。A先生は教室に入ってくるなり、にっこりと笑った。私は、A先生の笑顔をその時、初めて見た。A先生は、私たちを隣の研究室に招き入れ、ティーバッグの紅茶とカップ、砂糖やミルクを運ばせて、教室の机といすをロの字型にした。その上で、それまでとは別人のような親しみのこもった口調でこう言った。

「やっと授業ができる人数になりましたね。それでは、私の英会話の講座を始めましょう。みなさんは、私の講座を受講するに値する、優秀な学生です」

私はその時、初めてF先輩のアドバイスの言葉に隠された意味がわかった。この授業を一年間受講して単位を与えられた学生は、講座の最初か三回目までの試練の目的について、決して後輩に明かさないように、固く口止めされていたのだ。

A先生は、学生たちと一緒に紅茶を飲みながら、次のようなお話をしてくださった。

「『英会話Ⅰ』は『会話』の授業です。私は常々、ともに語り合うに足る方々とのみ、学び合いたいと考えていました。相手の言葉の一つ一つに対して、すぐに怒ったり、自分の志をあきらめてしまったりする人とは、心を開いて会話を楽しむことはできませんからね。さあ、英会話を始めましょう。一人一人、英語で自己紹介をしてください。それに対して、互いに英語で質疑応答をしましょう。日本語は禁止ですよ」

優しさと厳しさ　そして　あたたかさ

約二十年前のことである。久しぶりに、亡き母の実家である京都府の綾部市を訪れ、そこでの三日間を過ごした。出発の日の朝はちょうど雨で、駅の改札へ向かう階段は、黒っぽく色を変えていた。その際、こんな風景に出会った。

三、四歳くらいの女の子と母親らしい二人連れが、駅の階段を上ろうとしていたのだが、階段が雨で滑りやすくなっていたためか、女の子は、その一段目で転んでしまったのである。当然のことながら、女の子は膝をついたまま泣き出してしまった。

しかし、母親は、その子を抱き上げようとはしなかった。ほんの数秒間だったが、私を含めた周りの人たちが足を止めたまま、その親子に注目した。

すると、その女の子は泣き続けながらも、自分の力で立ち上がった。その時になって、ようやく母親は、その子を抱き上げたのだった。

「強い、強い、自分でタッタできたのね。強い、強い、この先もたくさん転ぶのだから、自分で立たなくちゃだめなのよ」

止まっていた時間が再び動き始めたように、周りの人たちは再び、自分の向かう方向へ動き始めた。その母親は子どもが泣きやむのを待って、再び子どもに、自分の足で階段を上らせ始めた。

私にも娘がいるので、とてもよい勉強をさせてもらった思いがした。しかし、とっさにあの母親のような態度がとれるかというと、大変疑問である。振り返ると、あのような毅然とした態度を見せることなく、娘たちを、ただただ甘やかして育ててきてしまったという後悔が胸に残るばかりである。

私たち教師も、親も、いつまでも転んだ子や、転びそうな子を助け続けられる訳ではない。

「この先もたくさん転ぶのだから、自分で立たなくちゃだめなのよ」

何気ないこの言葉に、深く考えさせられた思いがした。

旅について思う「酷な坂道」

「旅に出たい」、そう思いついたのは二〇一八年の七月であった。しかし、残念ながら年内にはその機会を見出せなかった。私が経験したいのは「旅行」ではなくて「旅」である。私が考える「旅」とは、少なからず冒険的要素が含まれていなければならない。そこに一歩踏み出す勇気が不足していた。その思いが翌年になって熟し、自ずと体を動かしたという感覚だった。

　行先は京都府の丹後地方の綾部市、私の母の実家である。五歳の時に母を失った私が、その死後二年間ほど預けられていた土地である。その当時は祖母も祖父も健在だったが、現在は、亡き母の弟にあたる叔父夫婦がその家を継いで守っている。もう十年以上会っていないが、年賀状のやり取りは欠かしたことがなかった。その家をもう一度訪れたいという思いにかられた。そして八月五日、出かける決意をした。無論一人旅である。

　旅行方法は自分の軽自動車。六六〇ccの通常のエンジンで、起伏の激しい中央高速道に挑戦する。これが一つの冒険だった。しかも、不規則でゆっくりとした動きをする台風五号が、南の海上から本州に迫りつつあった。しかし、この機を逃したら二度とできない。そんな気がしてならなかった。叔父も義理の叔母も相当な高齢である。自分自身の体力も年々落ちていく。この挑戦が最後の機会かもしれない。地元の圏央道から中央道への分岐に進入した時、すべての迷いが吹っ切れた。

「旅行」と「旅」の解釈の違いは、目的地のみを観光するのか、それとも行程の途中の土地をも見聞し楽しむゆとりがあるのか、そこにあるような気がする。そこで、主要なパーキングエリアやサービスエリアに寄りながら、ゆっくりと道のりを楽しむことにした。

朝九時ごろ自宅を出発し、最初の予定では夕刻に綾部市に到着するつもりだったが、徐々に変更せざるを得なくなった。まず、長い笹子トンネルを抜けて出たのは、甲州市、甲府市、甲斐市と続く山梨県。古くは甲斐の国、武田信玄の領地である。八ヶ岳パーキングエリアで一休み、まさに山の中である。登坂車線を後続車に迷惑をかけないようにアクセルを踏むと、小さくひ弱なエンジンがすぐに悲鳴をあげる。その機嫌をとりながら諏訪湖を越え、長野県に入った。

長野・信州というのがかなり広い。どこまで行っても信州である。それもほとんどが山の中。武田信玄がこの地すべてを征服するのに苦心したのが理解できるような気がした。山に囲まれた盆地の一つ一つに名のある豪族たちが割拠し、他国からの軍勢は戦う前に数多くの険しい峠を越えなければならない。これは途方もない労力であったろう。そんなことを思いながら木曽路に入り込んだ時、大粒の激しい雨が降ってきて速度制限が時速五〇キロメートルとなった。台風の影響であるらしい。駒ケ岳のパーキングエリアで休みながら、綾部市内のビジネスホテルを予約。到着は二十時ぐらいになると告げた。

　雨が多少穏やかになったのを見計らって出発。恵那山《えなさん》トンネルという見知らぬトンネルに入ったが、このトンネルが長い。すでに夕刻が近づいているため、地の底へ向けて延々と走り続けているようで不安になった。やっとトンネルを抜けた時、岐阜県に入っていた。

　岐阜から愛知県、名古屋市へと道は続く。名古屋から京都までは名神高速道路に入る。京都の山科に入ると道路は予想外の渋滞に陥った。京都と大阪を結ぶ途中の地点である。おそらく日常的に車の量が多いのだろう。少々空腹も感じ、燃料も心配になってきたので、京都市内に入ったところで、一旦高速を降りてガソリンスタンドを探し、コンビニエンスストアに入って休息をとった。その段階で二十時、本来なら綾部市に到着している時刻である。自宅から高速を乗り継いだ料金は一万円以下。軽自動車ならではの額である。

一旦大阪の吹田《すいた》市に入ってから、舞鶴若狭自動車道への分岐を進んで綾部市へ向かう。先ほどまで前後左右をにぎやかに照らしていた車のライトが徐々に少なくなり、後続車が皆無になる。この時間から綾部、舞鶴方面へ向かう車は珍しいらしい。前の車も皆無となり、対向車さえ消えると、真っ暗な高速道路をたった一人運転しているようで心細くて仕方がなかった。この状態が約二時間以上続いた。綾部市のインターチェンジを降りたのは二十二時三十分。途中で予約したビジネスホテルに着いたのは二十三時に近かった。

翌日、綾部市内で土産をもとめ、叔父夫婦の住む岡倉の里へ向かった。叔父も叔母も予想以上に年老いていた。私自身がすでに初老の域に入っているのだから無理のない話である。それでも大変な歓迎をしてくれて、「水くさい、泊って行き」と繰り返し言ってくれたが、「台風が迫っているから」と理由をつけて一時間少々で引き揚げた。もう一軒、亡き母の姉にあたる伯母が九十歳を超えて健在だというので、その家を訪ねたところ、これも涙を流して迎えてくれた。しかし、台風が迫っているのは事実である。速度の遅い台風五号はすでに九州に上陸していた。

綾部市を出発したのは十四時過ぎ。台風が迫ってきているが、夜通し走って帰るのは少々危険が感じられた。とにかく行けるところまで行こうという気になって、京都縦貫自動車道に入った。前日走った暗く寂しい道は、山の景観を愛でながら軽快に走る道に変わり、支障なく名神高速に入って大阪から京都市内へ。そして名古屋へ向かうところで前日と同じ渋滞に入り込んだ。日が暮れるのは時間の問題である。どこかで宿をとらなければならない。

「さあ、どこにしよう」と考えた時、自然に頭の中に「大垣」という文字が浮かんだ。

岐阜県大垣市は、関東と関西を分ける中間地点にあり、芭蕉の「奥の細道」の終点でもある。そして、何よりも天下分け目の合戦が行われた関ヶ原のすぐ近くにある。はるか四十年近く前、東京駅を深夜零時近くに出発する「大垣行き」という各駅停車の列車があった。各駅停車といっても真夜中に走るため、ほとんどの駅を通過し、早朝五時過ぎに大垣に到着するという列車であった。大学生の頃、一、二度その大垣行きを利用し、京都を経て綾部市を訪れた記憶がある。寝台列車とは程遠い普通の客車であった。若い時の身体であっても、到着時は節々が痛み、異常なほどの疲労感に襲われたことを覚えている。

その大垣市で一泊することにした。黒丸パーキングエリアに寄って電話で予約をとり、関ヶ原の戦場跡を横目に見ながらホテルに到着したのは、十八時過ぎだった。台風は自転車と同じ速度で本州の南端に上陸しつつあった。それでも宿泊料金を払った以上はゆっくり寝ないと損である。そんな貧乏根性で翌朝までぐっすりと眠ってしまった。

翌日は雨だった。芭蕉の「奥の細道終点の碑」という場所のみ外から見定めて、中央高速に入る前にガソリンスタンドに寄った。燃料を満タンにしてから「さて、行こうか」と覚悟を決めてアクセルを踏んだ。台風五号は近畿地方に迫りつつある。ラジオが各地の被害報告を慌ただしく伝えている。できるなら、行きと同じペースで、さまざまな場所に寄りながら進みたかったが、そんなことをしていたら台風に飲み込まれてしまうような気がした。自然に速度を上げて急ぎ旅になってしまった。山梨県の談合坂サービスエリアで昼食をとり、八王子を通過したのは十四時過ぎ。夕刻前には自宅に着いてしまった。

帰宅後、振り返ってみると、やはり今回の行程では「旅」とは言えないような気がした。帰りの道のりがあまりにも忙しすぎた。「旅とは、その道のりを楽しむもの」という私自身の旅の定義から逸脱してしまったように思える。その上で出した結論が「来年、もう一度行こう」であった。

今回の旅には、生まれて初めて軽自動車で高速道路を長距離走り続けるという、ささやかな冒険的な要素があった。それ故に多少の達成感もある。来年はもうひとつ、その道のりを楽しみ、訪れたそれぞれの場所での感動を記録するという時間的、精神的な余裕を持ちたい。それこそが本当の意味での「旅」に近づく大きな要素であるような気がする。綾部市の叔父や叔母たちは来年も健在でいてくれるに違いない。

私自身も、今回の旅で、もう一度何か新しいことに挑戦しようという勇気を少なからず持つことができたような気がする。若い頃のような無茶はできないが、体力や長時間の集中力はまだまだ捨てたものではない。

次は、中央道から名神高速に深入りせず、分岐点から北陸道へ回ってみよう。敦賀から舞鶴へそれから綾部市へ向かうルートがあるはずだ。敦賀は、私が好きな戦国時代の武将、大《おお》谷《たに》刑部《ぎょうぶ》吉《よし》継《つぐ》が治めた土地である。日本海の風景も見られるに違いない。そう考えたら、一年後が楽しみである。その意味では、たった三日間でも今回の旅の成果は十分にあったような気がする。「旅」はやはりいい、いいものだ。

続・酷な坂道

いつ頃見たのか忘れたが、自分自身の記憶の中に、こんな外国ドラマのオープニングが刻まれている。大型のオートバイで旅をしている青年が、市街地の交差点で、自動車で通勤途中の中年男性と、運転席の窓越しで会話するシーンである。

運転手：「旅行かい？」

青　年：「ああ、まあね」

運転手：「俺も行きたいよ」

青　年：「じゃあ、行けばいいのに」

運転手：ため息交じりに俯き、青年に苦笑いを返す。

青年は、その後、海岸沿いの道を走り、遥か彼方まで続くハイウェイに消えていくのである。

その映像を見て、自分自身は幼心にこう感じたことだろう。「この中年の運転手は、きっと死ぬまで旅に出ることはできないだろう」と。「もし、人生に二つの立場があるとすれば、この青年ライダーと中年ドライバーの二人である。自分自身は、決して中年ドライバーに甘んじたくはない。あの青年こそが人生の理想である」と。しかし、現在、人生の晩年にさしかかって自分自身を振り返ってみたとき、明らかに自分自身は、あの中年ドライバーの悲哀を感じつつある。「このままではいけない」、心からそう感じた。これが、今回の「旅立ち」の動機である。

「旅」と「旅行」はどう違うのか。さまざまに解釈はあるだろうが、自分としては、そこに「冒険」があるか否か、であると思う。また、「旅行」が、ある目的地への「移動」を意味するのに対し、「旅」は、その目的地までの行程を楽しむという要素が強い。そう考えたとき、高速道路のみを走る自動車での移動は「旅」には当てはまらないように思う。二〇一八年に高速道路のみを走って、母の実家である山陰の綾部市までを往復したが、振り返ってみると「旅」とはほど遠いものであった。

今年こそ「旅」をしたい。そう思って再び圏央道から中央自動車道に乗った。駆るのは六六〇ccのノーマルエンジンの軽自動車。これも一つの冒険の要素である。

八王子から中央道に入ると、遙か窓の向こうに相模湖が見えてくる。晴れていれば富士山の全景が拝めるはずだが、多少なりとも上空が曇っているため山頂近くは見えない。時速八〇キロメートルほどのゆっくりしたペースで笹子トンネルに入った。四・七キロメートルを越える長いトンネルである。このトンネルを抜けると、甲州市、甲府市、甲斐市という地名が続く。この地域の人々は、「山梨」という名称よりも「甲斐の国」という響きの方が好きなのではないだろうか。もしかしたら、名将、武田信玄が統治した土地に住む誇りが、そんな意識を持たせるのかもしれない。

いくつかの峠道を越え、南アルプスの山々を大きく迂回して、お昼近くに諏訪湖が見下ろせるパーキングエリアに入り、僅かばかりの休憩をとった。信濃の国にあるこの美しい湖のある土地は、遙か昔、諏訪一族という由緒ある名族の治める領地であったが、武田信玄によって滅ぼされ、その姫は信玄の側室となった。そして後に信玄の後継者となる武田勝頼を生むことになる。作家、井上靖はその姫を「由布姫」と名づけ、新田次郎は「湖衣姫」と名づけた。勝頼を生んだ後、若くして亡くなった姫の胸中はいかばかりであったかと、そんな思いにふけっていたが、ふと、今夜の宿をまだ決めていないことを思い出した。

二〇一七年、宿泊した綾部市内のビジネスホテルに電話すると、シングルルームはすでに満室とのこと。「ツインルームなら空いています」という返答だが、それでは割高になってしまうので断り、市内にあるもう一軒のホテルにかけると、運良くシングルが一室空いていた。このように、その日その時の思いつきや気まぐれで行動するのも「旅」の面白さであると思う。

中央道は、数多くの自動車専用道路とつながっていて、ジャンクションと呼ばれる分岐点が多数ある。中央道のみまっすぐに走るためには、その分岐点ごとに右寄りの車線に移動しなければならない。いわゆる「追い越し車線」である。ところが、高速道路には暗黙の序列が存在していて、大抵のドライバーは軽自動車が追い越し車線を走ることに嫌悪感を持つらしい。すぐに後続車が近距離に迫ってくる。山道を登りつつ追い越し車線を走るのは、軽自動車にとってまさに「酷な坂道」である。エンジン音が高くなり回転数が赤い文字に近づいていく。元々途中で中央道から外れるつもりだったので、どこで降りようかと思案を始めた。「ご隠居、回り道をして北陸の海でも見ていきませんか？」といううっかり八兵衛の声が聞こえるような気がした。「そうじゃのう」と黄門姿の自分自身が想像の世界で返答をする。

　恵那山トンネルという約八キロメートル半の長いトンネルを抜けて、長野県から岐阜県に入り、名神高速を進み、「よし、降りよう」と決心して一般道に入った。降りた場所は、偶然にも「関ヶ原」であった。


　信濃の国までは晴天が続いていたのに、恵那山トンネルの向こう側は曇り空。一般道に降りると雨が降り出した。さすがは風雲急を告げる関ヶ原である。町内を走っていると「石田三成陣跡」という看板が目に入り、思わず路上で途中下車をした。三成の陣の隣は、その親友、大谷吉継の陣である。

　最後まで三成の挙兵に反対し、思いとどまらせようとしたが、それが成らぬとわかると、共に死ぬことを選んだ仁義の将である。関ヶ原の合戦の際には、すでに全身を病に犯され歩くこともならず、失明寸前の状態で剣を振るったという。

　関ヶ原と綾部市の間には、広大な琵琶湖が行く手を遮っている。それを大回りで迂回するために一路北へ向かうことにした。夕刻までに大谷吉継の領地である敦賀に到達する予定である。岐阜県から滋賀県の米原市、長浜市を通って、北陸へ向かうルートだ。右の車窓には圧倒的な迫力でそびえ立っている伊吹山が見える。道が少々混んできた。二時間ほど一般道を走って、これではホテルに着くのは二十一時以降になってしまうことに気づき、やむを得ず長浜から北陸自動車道に乗ることにした。

北陸道に入って、最初に見たのは「小谷城跡」という表示である。織田信長の妹婿となった小谷城主、浅井長政は、後に離反して信長に滅ぼされた。信長の妹・お市の方と三人の幼い娘のみ救い出され、その娘の中に、後の豊臣秀頼の母となる「淀君」がおり、徳川秀忠の正妻である「お江の方」がいる。彼女たちの過酷な運命に思いを馳せつつ車を進めると、すぐ隣のパーキングエリアは「賤ヶ岳」であった。「こんな近くにあったのか」とつくづく驚いた。この地で、前述のお市の方が嫁いだ織田家の猛将、柴田勝家が、後の豊臣秀吉との戦いに敗れ、お市の方は娘たちを残して自害したのである。北陸道を敦賀まで走り、敦賀から舞鶴若狭自動車道に入って綾部市に到達したのは、十九時を過ぎた頃だった。

チェックインの際にフロントの係員と会話し、最初に電話をかけて断られた前述のホテルの話をすると、「向こう様は単なるビジネスホテル。当館は地域に根ざした本格的なシティホテルです」ということだった。「なるほど、一目瞭然で格が違いますね」と受け答えつつ、「ビジネスホテルとシティホテルというのは違うものなのか」と思ったが、言葉には出さずにおいた。

幸いなことに、このホテルは、隣接する日帰り温泉の入浴施設と提携しており、ホテルの泊まり客は、無料でその施設を利用することができた。大きな湯船に体を沈めて一日の運転の疲れをゆっくりととることができたのである。

翌朝、ホテル内のコンピュータでその日の宿を探してみた。長浜市、大垣市など適切と思われる宿泊地で空いているシングルルームを当たったが、なかなか見つからない。昨夜、会話を交わしたフロントの係員がいたので、試しに相談したところ、「ちょっと待ってください」と言って電話をかけ始めた。そしてすぐに、「食事は用意できませんが、日本旅館なら一部屋あります」と紹介してくれた。「ありがたい」と思って、早速予約をしてもらい、チェックアウトして親戚回りに出かけた。

京都府綾部市は、亡くなった母の生まれ故郷であり、母の弟に当たる叔父夫婦と母の姉に当たる伯母が健在である。一年ぶりに訪ねたのであるが、二軒とも玄関先まで出迎えに来て待っていてくれた。お互いの年齢からすれば、今生の別れになるかもしれない。そう思いつつ再会を喜び、それでいて長居をすれば、もてなす負担も大きかろうと早々に引き上げた。

帰り道は、高速道路を使わず、一般道を走って敦賀を経由し、大垣市にたどり着こうと決めていた。

綾部市から敦賀市へ向かう一般道は、峠道を縫うようにして走る細い一本道である。先行車両も後続車もなく、時折、「この先信号あり」などという標識が目に入る。つまり、そこまで信号は皆無なのだ。二時間以上走ってようやく開けたところへ出た。舞鶴市である。

そこで昼食をとって、さらに一時間走り続けると、左側の車窓に広々とした海岸線が迫ってくる。若狭湾であった。海を見るのは久しぶりであった。若狭から内陸へ向かい、昨日、高速道路を走った行程を、車窓の風景をゆっくり楽しみながら岐阜県大垣市へ向かう。

大垣市へ入って、紹介された日本旅館の住所に近づいたが、それらしい建物が見つからない。ちょうど車の燃料が不安になってきたので、近くのガソリンスタンドで道を尋ねると、「松風（仮名）さんですか。あそこは一般の人は泊まれんのと違いますか」という返答がかえってきた。「これは、もしかしたら予想外の高級旅館を紹介されたのではないか」、そんな心配が胸に浮かんだが、ここまで来たら仕方がない。ガソリンスタンドの従業員の道案内にしたがって、ようやく紹介された日本旅館にたどり着いた。

旅館の前に到達して驚いた。場所がわからないはずである。市の象徴とも言える大垣城のすぐ隣にある建物なのだが、歴史的な建造物かとも思えるような木造三階建ての高級料亭である。駐車場も広々としており、玄関を入ると品の良さそうな高齢のご婦人がたった一人で応対してくれた。

割烹旅館「松風」は、市会議員や県会議員またはその紹介のあった方のみが利用するという高級料亭旅館である。ただし、その日はお休みで、家族はすべて墓参りに行き、従業員にも休暇を出し、股関節の手術を終えてリハビリ中の女将だけが残ったのだという。

よくよく聞いてみると、一日目に宿泊した綾部市のホテルのフロント係員は、この女将の末っ子で、現在、修行に出してあるということだった。なるほどそういうことだったのかと合点がいった。

この女将が大変な話し好きで、部屋に案内されるまで約三十分以上、この旅館の歴史から自分自身の股関節の症状まで話し続けた。特に股関節の手術については、今回自分の中に埋め込んだ人工股関節は、およそ百年はもつと医師に言われたという。言い換えればサイボーグである。最後に会計の話になると、「食事は一切出せません。近くで食べてきてください。そのかわり、五千円でいいです」ということだった。

思いのほか宿泊代金が安いので助かった。案内された二階の一室からは、ライトアップされた大垣城が眼前にそびえ立ち、大浴場も貸し切りである。

翌朝、いよいよ自宅へ向けて帰らなければならない。女将に別れを告げて、中央道の入り口に向けて出発した。天気予報では、関西地区は晴天だが、関東地方から東北にかけて台風が近づいているという。まさに、帰り道は嵐に向かって走ることになる。

しかし、それはそれでいい。「旅」には冒険的な要素がつきものなのだから。

あとがき（冬日可愛）

「冬日可愛」、学年主任を務め始めた頃から、私は、自分が担当する学年目標の最初に、この漢字四文字を置いた。それは自分の次女が、生まれつき極度な難聴の障がいを持って生まれた時に、次のような体験をしたからである。

埼玉県所沢市の新所沢駅の近くに、国立障害者リハビリテーションセンターという施設がある。私が勤めた各中学校の五倍を超える敷地の中に、病院や研究所などの高層の建物が立ち並ぶ、巨大な施設である。

初めてこの施設を訪れたのは、二十三年前の冬のことだった。冷たい季節風の中で、眠っている次女を毛布にくるんだまま抱きかかえて、中に入り、午後の受付の始まる一時間前に窓口の前に並んだ。

私も家内も、この場所へ来なければならなかった苦渋の思いと、これからの不安と、そして次女への気遣いと、そんな感情が交錯した気持ちの中で、問診の受付が始まるまで、ずっと待っていた。

そんな重苦しい雰囲気を打ち破ったのは、院内のエレベーターから降りてきた車椅子の子どもたちだった。三人の小学生ぐらいの子たちが、廊下から受付のあるロビーまでを、かなりの速度で巧みに車椅子を操り、柱とベンチの間をスイスイと走り抜けて行く。よく見ると、その中の一人は女の子だった。

「わあ、かわいい赤ちゃん」

私たちに気づいたその子は、人なつこい表情で近づいて来て、次女を覗き込んだ。その時私は、その子の両足が上半身と比較して、とても小さいことに初めて気づいた。

「この赤ちゃん、どうしたの」

その子は屈託のない笑顔で、私たちに話しかけてきた。家内が、次女の障がいについて簡単に話をすると、

「ふーん、でも大丈夫、なんとかなると思うの。がんばれば……」

そう言うと、その子は力強く車輪を動かして、すでに廊下の方へ走りだそうとしている男の子たちを追いかけて行った。

「大丈夫、なんとかなると思うの。がんばれば……」

何の変哲もない一言だが、私も家内もその時、とても励まされた思いがした。

その言葉を自分以外の者に与えるまでに、その子は、どれくらいの道のりを越えてきたことだろう。

「冬日可愛」（とうじつあいすべし）

私が、大学時代にお世話になったゼミの先生、神保光太郎氏が、卒業の際に、色紙に書いてくれた言葉だ。

「冬の日の薄日のように、寒さに凍える心をわずかでも温める、そんな人に、君たちにはなってほしい」

神保先生は、最後の講義の中で、そう説いてくださった。

あの車椅子の子のように、私の娘たちにも、そして、私が教えてきた生徒たちにも、いつかは、誰かの「冬日」となるような人になってほしい。そう願ってやまない。

奈良　毅彦

二〇二一年　十月

【著者紹介】
奈良毅彦（なら たけひこ）
中学校の国語の教師として四十年間、現場一筋に生きてきた著者と生徒たちとのエピソード集。教員はあくまで裏方であって目立つ仕事ではない。しかし、冬の木漏れ日のように、生徒の心を内面から温め励まし続ける。そんな存在でありたいと思う。

冬日可愛《とうじつあいすべし》　―ある教師《きょうし》の回想《かいそう》―

2021年10月6日　第1刷発行

著　者　　奈良毅彦
発行人　　久保田貴幸

発行元　　株式会社 幻冬舎メディアコンサルティング
　　　　　〒151-0051　東京都渋谷区千駄ヶ谷4-9-7
　　　　　電話　03-5411-6440（編集）

発売元　　株式会社 幻冬舎
　　　　　〒151-0051　東京都渋谷区千駄ヶ谷4-9-7
　　　　　電話　03-5411-6222（営業）

印刷・製本　シナジーコミュニケーションズ株式会社
装　丁　　杉本桜子

検印廃止

Printed in Japan
ISBN 978-4-344-93514-3　C0095
幻冬舎メディアコンサルティングHP
http://www.gentosha-mc.com/